Cuando hace frío

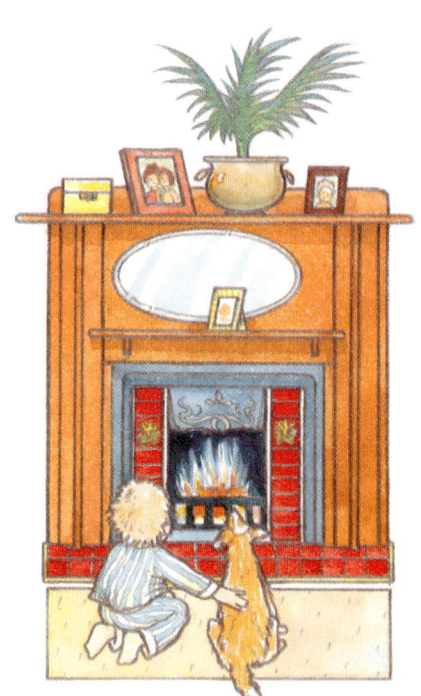

Escrito en español por Pat Almada

Cuando llueve y hace frío
la rata se tapa

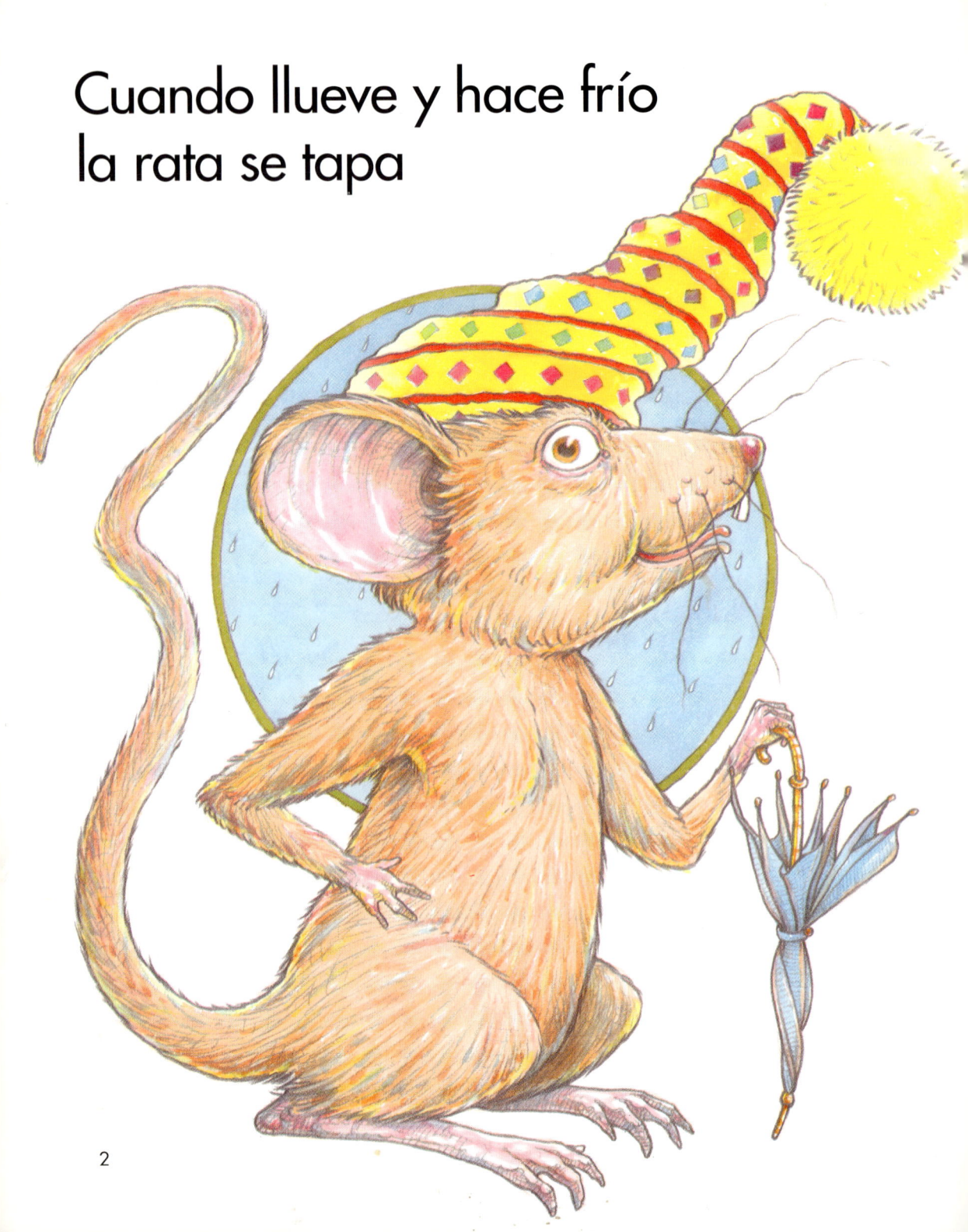

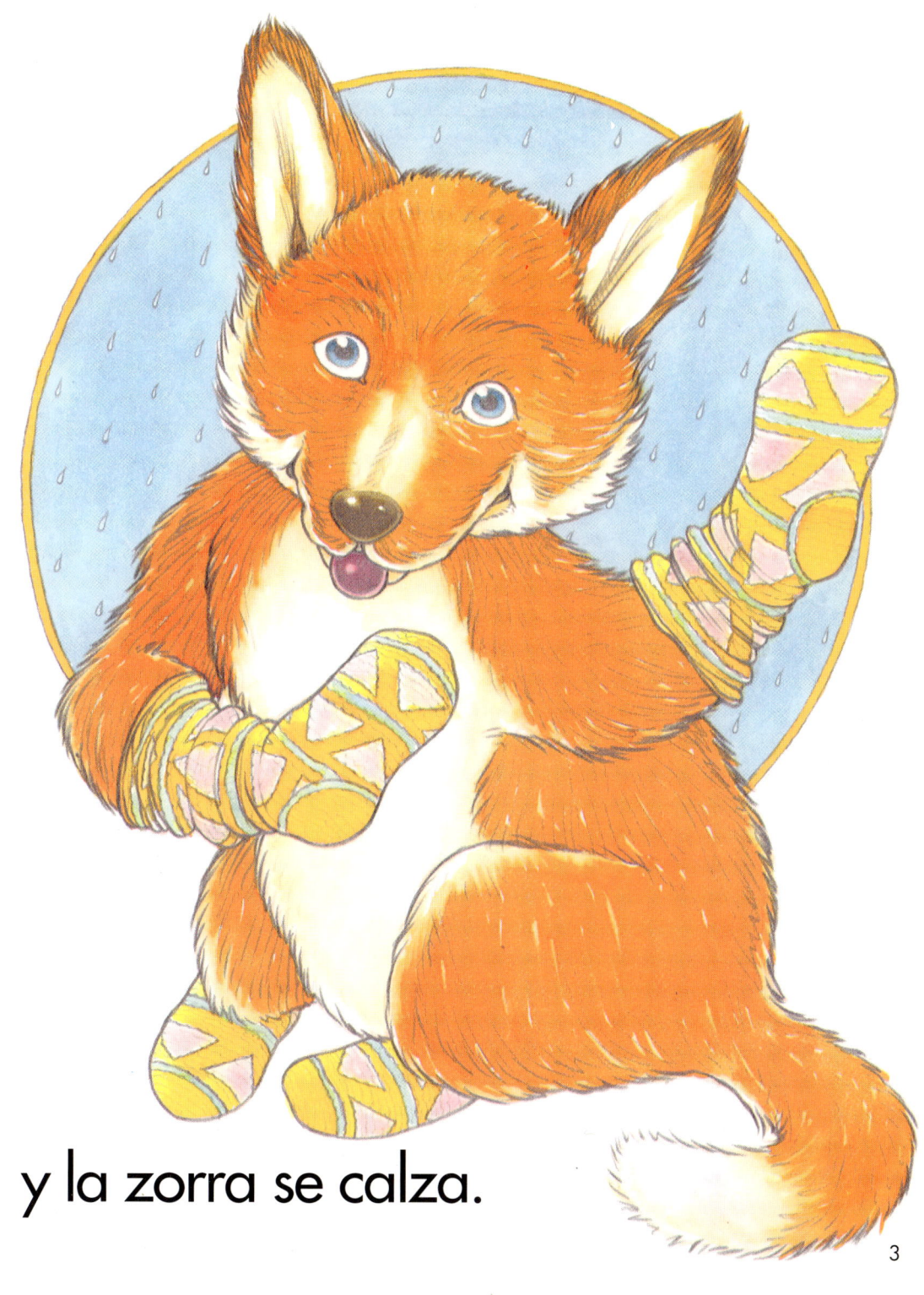

y la zorra se calza.

La jirafa usa bufanda

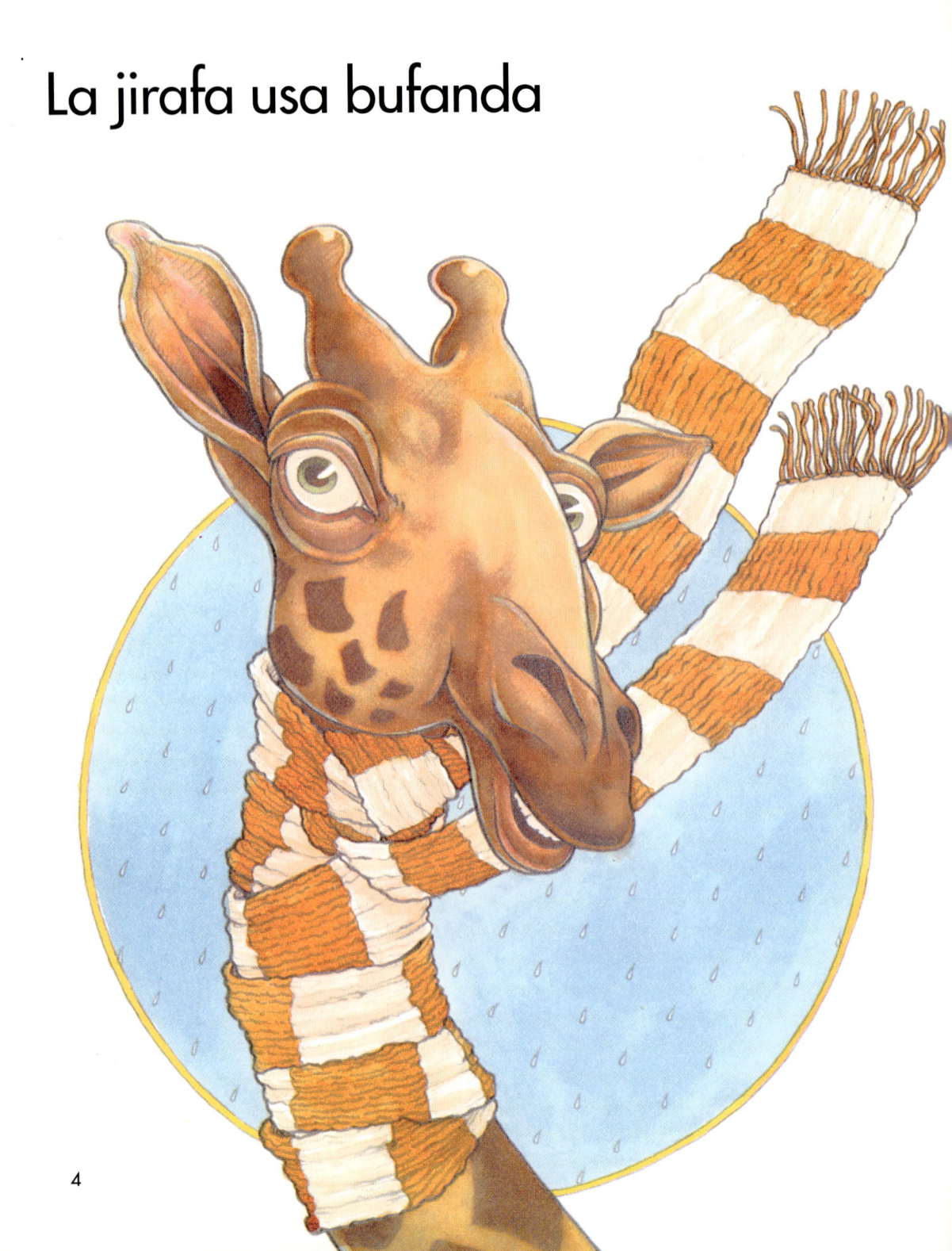

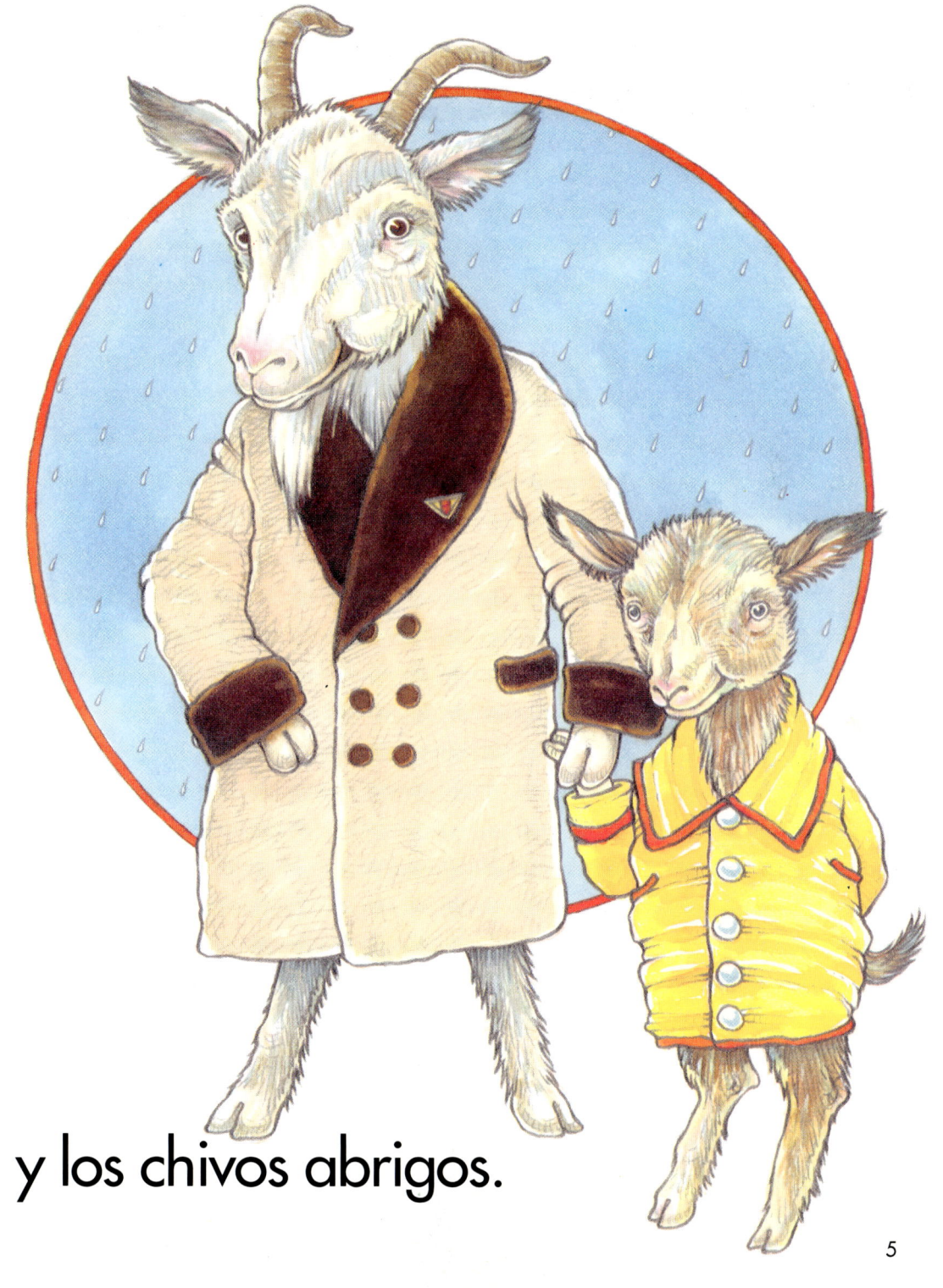

y los chivos abrigos.

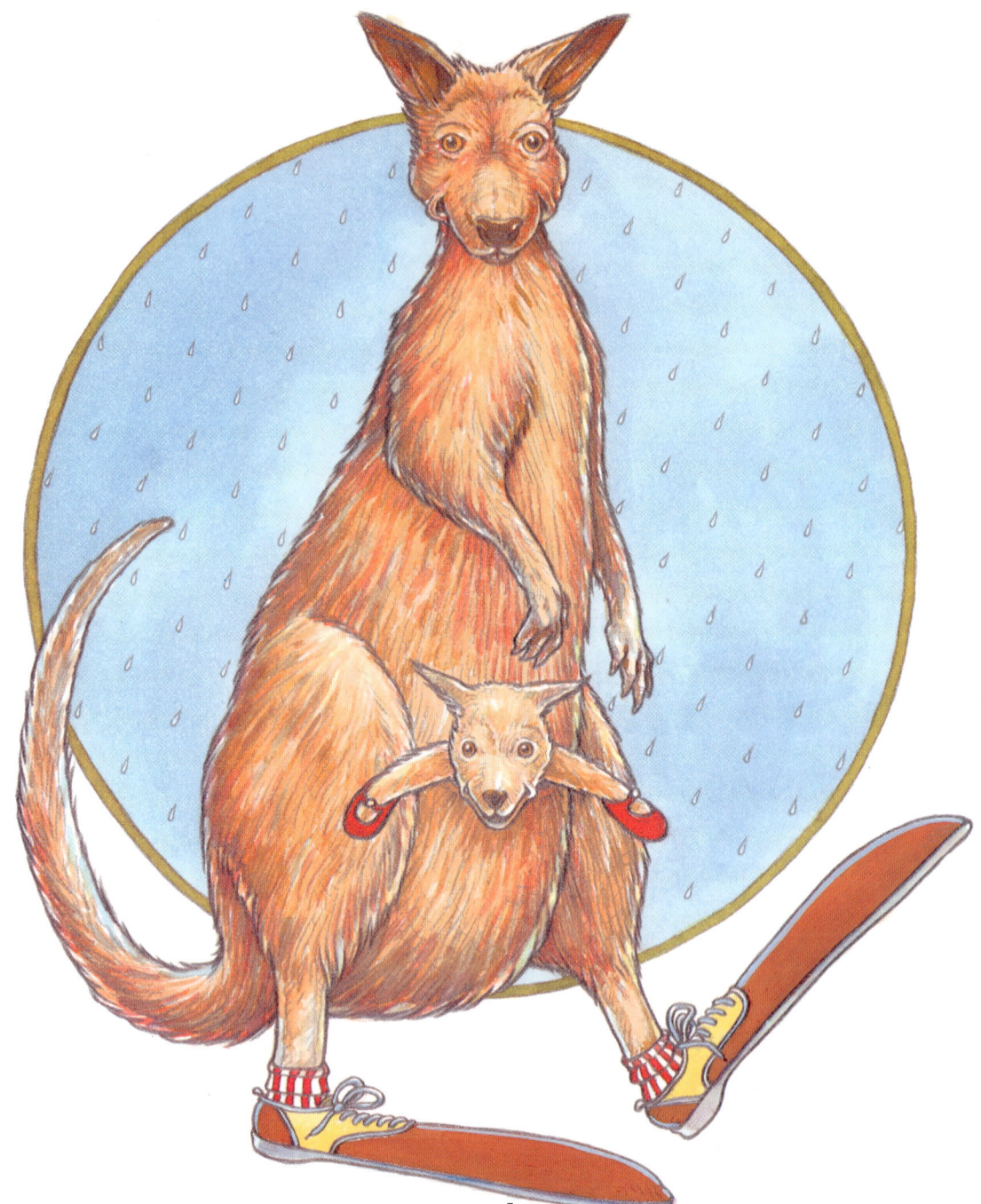

Los canguros andan en zapatos

y mitones se ponen los gatos.

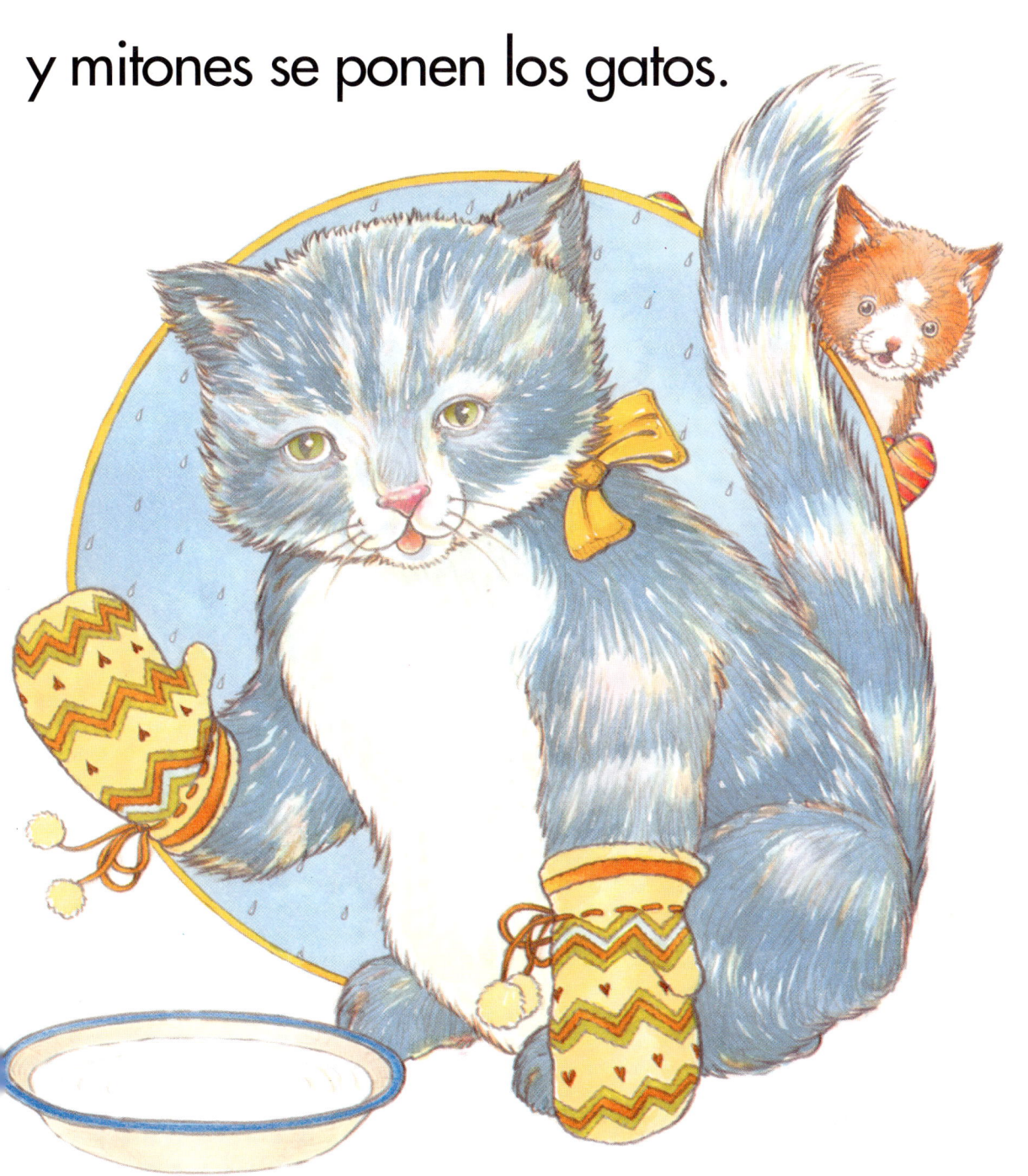

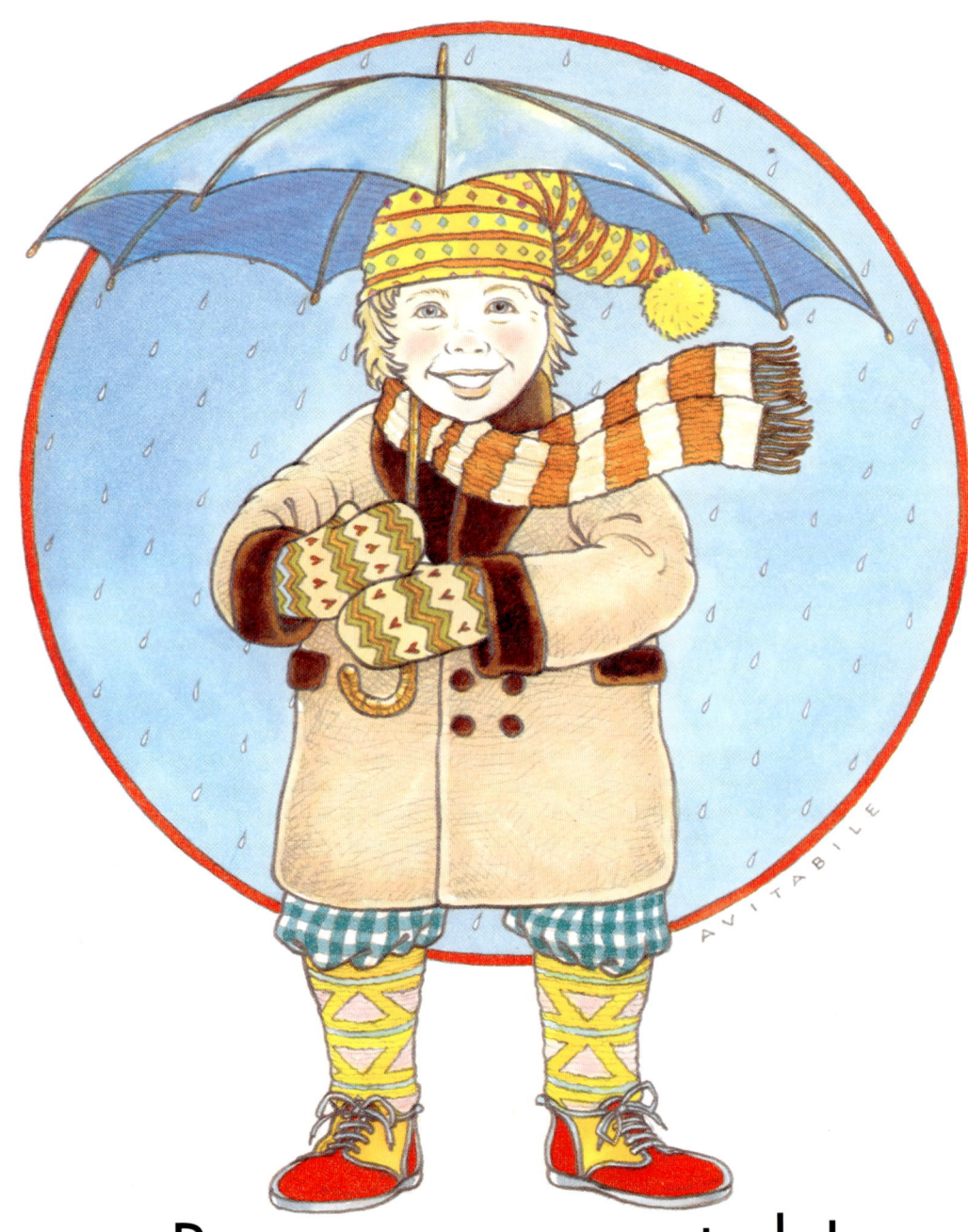

¡Pero yo me pongo todo!